꽃

국립중앙도서관 출판예정도서목록(CIP)

꽃 : 오연희 시집 / 지은이: 오연희. -- 대전 : 지혜 : 애지, 2016
p. ; cm. -- (지혜사랑 ; 163)

ISBN 979-11-5728-215-9 03810 : ₩9000

한국 현대시[韓國現代詩]

811.7-KDC6
895.715-DDC23 CIP2016028111

지혜사랑 163

꽃

오연희

지혜

시인의 말

10년 만에 내는 두 번째 시집, 첫 번째처럼
또 쑥스럽다.
시는 내 삶의 표현 방식, 시가 되지 못한
말이 내 속에 고여있어 나는 늘 무겁다.

시는 나의 치유, 아픔과 외로움이 오롯이
꽃으로 피어나는 화원.
시는 나의 여유, 바짝 다가가 관찰하고
한 발짝 물러가 관망하는 마음의 오솔길.
시는 나의 이유, 길을 열어주시고 길이 되어
주신 하나님 그리고 곁을 허락한
나의 사람들에게 올려드리는 사랑의 고백.

무한한 감사뿐이다.

2016년 늦가을
오연희

차례

2부

3부

4부

• 일러두기

한 연이 첫 번째 행에서 시작될 때는 > 로 표시합니다.

1부

꽃 1

예배당 꽃 담당자와 함께
꽃 시장에 갔다

꽃 속을 노닐다 보면
꽃이 될까
꽃향기 폴폴 날리는
아침을 기대하며
따라나선 길

꽃꽂이의 주제를 생각하며
한 주를 보냈다는 그녀의 첫 마디가
저음의 첼로 곡조가 되어
들뜬 내 가슴을 내려 앉힌다

'꽃꽂이는 꽃의 표정을 살리는 일이에요'
소프라노의 절절함으로 울리는
둘째 마디

표정을 살려내지 못하면
꽃은 그냥 꽃
사람도 그냥 사람

>

매일 새벽 무릎으로 걸러낸
그녀의 표정이
온통 꽃이다

꽃 2

핸들에 머리 박고 울다가
빵빵거리는 뒤 차 소리에
스스로를 달래가며
공원에 오던 그때는
눈물 마를 날
하마 올까 했다

거꾸로 박혀있는 화병 바로 세워
꽃 꽂아 놓고
회한에 젖는 순간은 잠시
옛 동산에라도 오른 듯
탁 트인 주위를 둘러본다

잘 다듬어진 초록 공원 여기저기
땅 아래로 방금 거처 옮긴 이
여럿 보인다

한 몸 뒤척일 수도 없는 낯선 집 지붕 위
생살 듬성듬성 보이는 잔디가 덮여있고
그 곁에
사람모양의 화환 몇 채
시체처럼 누워있다

>

땅 위의 인연 제집으로 다 가고
꽃, 뿐이네

꽃 3

하늘거리는 오이꽃
뒤태 고운 가지꽃
수더분한 호박꽃
조잘대는 입술 모양의 토마토 꽃
꽃으로 왔다가 결실로
텃밭 피우네

입맛 풍성하게 싸주는 상추
숭덩숭덩 맛깔 돋우는 파
싸한 향긋함이 살짝 감도는 쑥갓
이파리로 피어 꽃으로
지네

꽃의 이름으로 불리지 않아도
덤덤히 왔다
가네
한 생 피우는 것이 어디
꽃,
뿐이랴

아마 릴리스

뒷마당 한구석에
허연 가루 풀풀 날리는 메마른 땅 한 줌 있다

무슨 희망 있으랴
눈 질끈 감고 그 곁을 지나다가
아, 감아도 보이는 거기
잡초인 듯 난초인 듯
연두 이파리 무성하다

연두 잎 진 그 자리 가뭇가뭇 잊혀질 쯤
꽃 보쌈 매단 벌거벗은 꽃대
뱀 대가리처럼 쭉 올라온다

한 알뿌리에서
이파리 한 시절
꽃 한 시절
지상의 사랑 못내 서러워
독을 내 뿜듯 분홍빛 그리움
펑펑 피워 올리고 있다

어긋난 우리 인연처럼

오월의 장미

무더기로 피어난
크고 검붉은 장미
여인의 가슴처럼
풍만하다
가시에 서려 있는 위엄마저
고고하다

소복소복 몰려있는 작은 송이들
저대로 모두 여왕이다

은둔의 사월을 보내는 동안
내밀하게 키워 온
도도함
제 향의 빛깔
거침없이 토해내고 있다

황홀한 몸짓 무르익어
가파르게 깊어 가는
오월

장미 무성한 울타리 젖히고
어김없이

그가
나타나리라
마술에 걸린 듯
나
그를 따르리라

선인장

캘리포니아 오랜 가뭄에
누렇게 뜬
초록 융단 같던 잔디 마당
물 없이도 버티는 선인장으로 갈다

애리조나 사막처럼 꾸며 듬성듬성 심은 선인장
기갈 들린 듯 햇살 들이킨다

집안 치장에도 한몫하는
화초용 선인장도 대세
쪼그라져도 안 돼 웃자라도 안 돼
가시 성깔 언감생심 창틈으로 숨 몰아쉬며
꽃이 되어가는

군락 이루는 탄탄한 애리조나 선인장과
같은 이름
다른 종족

우리 이민 동지 같은

억새꽃

금빛 억새풀 물결치는 언덕 아래
가을꽃이 슬픔처럼 놓여있는
공원묘지
억새꽃 부대낄 때마다
자지러질 듯
으악새 소리 들린다

으악새가 억새라는 것을 한참 후에야 알았다고 하면
누가 믿으랴

누가 믿으랴만
눈물에 젖어 아무것도 할 수 없었던 사람들
몇 번의 가을이 오고 가는 동안
잊었나 보다
그래야지, 그만 잊어야 살지

누렇게 이끼 낀 비석들
구성진 가락으로 가을을 불러대는
으악새 소리면 되지
그래야지, 그래야 죽은 자도 살지

만월滿月

잊었으리라
까맣게 잊었으리라

연연하는 마음의 끈 잡아당기느라
흰 활
그 애달픈 초승의 세월 가고도
그리움은 지칠 줄 모르고
부풀어 올랐습니다

지난 사랑은
껴안아야 할 생의 조각
잘 익은 추억이 둥근 달빛을
타고 내게로 왔습니다

오랜 것들은
부드럽고 순하고 말랑말랑해져
있었습니다

다가올 그리움까지 품은
만월滿月

때로 가파르고 때로 밋밋한

오늘의 사랑도
풍만하게 살이 올랐습니다

독을 품다

누구에게나 한번은 찾아올 거야
다 주어도 아깝지 않고
그대로 사라진대도 여한 없는 사랑
그렇게 맹목적일 수는 없어
독 품었던 거야
그런 순간 몇 번이나 올까
몇 년 지속할 수 있을까
독의 순 재료는 고결한 열망
일생 골고루 편만하게 퍼져
완전히 사그라지지 않게 펌프질해주는 거야
독의 순기능이 작동하는 꽃
기어이 피우고 싶다는 거야

불면

어이없이
너와
인연을 맺었다
너를
잊고 싶다
너의 존재를 몰랐던
그때가 그립다
나를
놓아다오

가고 싶은 길로 가십시오

이제 그만 당신을
내려놓습니다

저쪽 길 가고 싶은 심정으로
이쪽 길 가는 당신만 같아
힘겨웠습니다

행여나 하여
부질없는 말 많이도 했습니다
마음에 담지 마시고
가고 싶은 길로 가십시오

당신의 날갯짓 편안히
바라볼 수 있도록 내 속에서
요동치던 바람 기어이
재우겠습니다

당신은 부디
가고 싶은 길로 가십시오

파도

우리 속의 겁
두툼해질 때까지
성난 사자처럼 밀려오는구나
저 멀리서 달려오는 짐승의 소리
들려들려

대책 없이 휘둘리는 내 속의 파도
그 거센 짐승의 소리도
들려 들려
넘치거나 모자라거나
모두 파도

평온을 깨부수는
생명의 업보
거품에 허우적거리다 끝나지 말라고
쉼 없이 들이닥치네

나 오늘
파도,
그 가혹한 은혜에
무릎 꿇다

순발력 테스트

‘흩트러 놓은 숫자 1부터 50까지
순서대로 눌러서 다 지워보세요’

심심풀이 테스트에 바짝 긴장한다

번득이던 시상 한 구절
돌아서기도 전에 잊어버리는
그래서 날려버린 수많은 명작을 생각한다
결과에 연연하며 숫자 지우기에
비장의 순발력 쏟아붓는다
‘치매 증세 없음’
조마조마한 심정으로 점수 확인하며
가슴 쓸어내리는 꼴이라니
꼴이면 어때

꿈꿀 수 있는데

끼

멍석만 펴면 한 가닥의 시절이
누에고치처럼 줄줄 풀려 나오는
노래방 동무들
어떤 흐름과도 차지게 어우러지는

매끈하게 흐르지 못하는 나를 향한
한 동무의 은근한 귀엣말
'나를 버려야 해!'

비운다, 내려놓는다, 와 격을 같이하던
선방禪房의 단어 '버려'가
눈을 부릅뜨며 따져 묻는다

황급히 내 속을 휘저어보지만
가진 것도 버릴 것도 찾지 못해
실웃음 히죽이다가

버려도 버려도 가득 차는
나만의 끼를 사모하다

노오 프라브럼

짐 잘 챙겨가시오
3개국의 언어가 한 빛깔인 듯
기내를 돌아 나온 후
센젠 공항에 내렸다

거래처 사람과의 첫 만남
이메일로 주고받던 영어는 어디로 가고
미국에서 건너온 한국영어와
중국에서 자란 중국영어가 제 갈 길 찾느라 어리둥절하다

뜨거운 물에 오그라질 것 같은 얇은 플라스틱 컵
차를 내놓는 그의 손이 넓적한 파초잎 같다
고단한 영어 같은 웅크린 이파리 몇 잎
컵 안에서 흐이유 몸을 푼다

말하다가 막히면 얼버무리는 방패막이
'노오 프라브럼'
캐럴 레스토랑 오케이? 해서 따라갔더니 '서울각'이다
코리아와 캐럴의 뿌리가 같든 말든
잘해보려는 그 마음이야
노오 프라브럼

>

믿지 않으면 끝이다

그것이 프라브럼이다

소문

뒷마당 한켠
아침마다 눈길 맞추는
사과나무 한 그루 있다

파란 싹 하나 돋더니
꼬리에 꼬리를 물고
걷잡을 수 없이 피어나는 꽃
화사한 눈짓에 나무는 잊었다

계절은 전설처럼 흘러
저 가녀린 가지에 기대할 게 뭐냐는
무성한 소문 낙엽처럼 날리는 가을
고개 끄덕이며 또 잊었다

서늘한 초겨울 바람에 옷깃 여미며
무심결에 바라본 나뭇가지에
여의주 같은 열매 몇 알

눈 있는 자만 볼 수 있는
경전經典
진실은 그냥 거기
있을 뿐이었다

Yelp*의 별

레스토랑 의자에 앉자마자
스마트 폰에 얼굴을 박는 아이들
한참 만에야
보물찾기 끝난 듯 허리를 세운다
그리고, 옐프의 별이 일러준
인기 메뉴를 앵무새처럼 주문한다

실패를 거울삼아 살기에는
세상 속도 너무 빨라
옐프의 별에게 길을 묻는다

하늘의 별은 빛나는 것만 보이지
옐프의 별은 빛 잃은 것도 보여
별 하나는 빵점 별 다섯은 백점
별 다섯의 찬사도
별 하나도 아깝다는 리뷰도
이 시대의 무서운 소통법

Yelp !
나 살아있다고 짖어대는 개소리
주머니 털릴까 봐 귀 세운다
별별 개소리 외면할 수 없는
별세상이다

* Yelp : 미국 최고의 인지도를 가진 지역 정보 리뷰 사이트.

신식으로 기울어지다

한쪽으로 기우뚱한 미니 그릴
골진 곳으로
스멀스멀 빠져나오는 기름기가
받쳐놓은 용기에 가득하다
너만 가지면 보장될 것 같은 건강
첫 마음은 늘 그렇지
빵틀, 만능주서기, 생선 프라이팬, 슬로우쿠커…
이사할 때마다 애물단지
더는 안 사, 다짐하지만
거기서 거기인 신상품
유혹의 눈길 진하게 쏘면 또 흔들리는 여심
핵가족에 외식문화에
식품점마다 가득 찬 즉석 음식들
맞벌이에 인터넷에
부엌의 역할개념은 바뀌고
세련된 주방기구 말끔한 부뚜막
거실과도 손잡은 당당한 부엌에서
기름 쏙 빠져 노글노글해진
소시지 한 입 베어 문다

친구

지금 내 곁에 있는 친구들
내가 그들 마음에 찰까
그들이 내 마음에 족할까
상대의 장점 크게 보자는
철든 말 간지러워
선부른 충고 마
그냥 뒷북이나 치며
덩실덩실 따라가는 거야
몸 아프고 마음 아프고
앞서거니 뒤서거니
비슷한 서러움
비슷한 외로움
질시 동정 애틋함이 찐득찐득
얽혀있는 징글한 사랑으로
그냥 그렇게 이 땅 인연
잇는 거야

너 그대로 나 이대로
손 놓지 말고

풍선

그녀, 바람 들었어요
가슴이 탱탱 부풀었어요

땅에서 발을 떼야 살아나는 바람이에요
일단 바람만 잡아타면
바람이 바람을 밀어 올려요
멀리 아주 멀리 바람피우러 떠나요
까마득히 잊혀진 곳에서
아, 버틸 수 없는 바람의 탄성
하늘과 땅 사이 아무도 모르는 바람의 일
사라지는 것은 잊혀지는 것
그녀가 아는 것은 그것뿐

그대 입김에 또 가슴 부푸는
영원히 철 모르는 바람꽃이에요

2부

잔치국수

어른들 세상은 어차피
상관없었다

죽은 자가 누군지 말해주는 이도 없었고
들었다 해도 내 세상 밖의 바람 소리였던
유년의 마당

휘청이는 허연 천막
눅눅한 그늘 속
국수 한 그릇 후루룩이는 어른들의
웅크린 등이 아슴하다
한 어른이 곡을 하고 나오면
다음 어른이 들어가서 곡을 이어가던
일정한 리듬의 곡성 그 뒤편은 그저
적막한 어둠뿐

숨죽이고 있던 숨
폭포수로 터지는 슬픔의 임계점

대책 없이 축축한 날은
잔치국수로 때우고 싶다
외로움이 안개처럼 몰려오다가도

굽은 등의 담담함이 고요히 찾아드는

삶과 죽음이 알맞게 양념 쳐진
그 시절의 잔치국수
한 그릇

황금빛 사막

눈물 흩뿌려 주고 싶네

황량한 사막
휙휙
창 옆으로 날아가네

희뿌연 모래흙 망망하게 펼쳐진
사랑을 떠나보낸 자의 가슴인가
아득한 저 끝 까까머리 민둥산
오늘을 접으려는 듯
그늘진 얼굴 가슴에 묻으려 하네

아서라
어깨 위로 고즈넉한 황금빛 노을
스미듯 번지네
금빛 갈기 자분자분
물결쳐 오네

히브리 노예들의 합창 소리 들리네

폐가廢家

빅베어Big Bear* 산길 오르다 보면
길가 무성한 나무 사이로 언뜻
거무튀튀한 알몸 한 채 보인다
몸을 닫고 싶다는 듯
아니 열고 싶다는 듯 통째 입이 되어
가는 이 불러 세운다

스르르 커튼 열리고 환호하는 숲 속의 생명들
집 짓는 남정네의 콧노래 소리 풋풋하고
아낙의 몸인 듯 통나무 결 굴곡지다
탱탱하게 익어가는 집
햇살 같은 아이 잉태 때마다 온 숲 웅성거린다
몸 담을 집 짓고 마음 담을 아이 낳고
아, 별빛 반짝하는 순간이라니
제 갈 길 찾아 숲을 떠나는 아이들
아이 기다리던 어미, 아비도 총총 이 땅 떠나고

이생의 내력 들려주려는가
풍화되기 직전의 알몸 한 채
땅을 꽉 붙든다

* 캘리포니아 샌버나디노 국유림.

매듭

생의 중간중간
풀래야 풀 수 없는 매듭
굳이
풀어 보려 기운 빼지 않기로 하네
까맣게 잊혀졌든
어제 일처럼 선명하든
가슴 치는 주먹 무겁고 아파도
꺾어질 뻔 넘어질 뻔
어둠의 찰나 붙잡는
이유 있는 옹이
활개치는 날개 제 몸에 박제하며
의연히 자라가네

저 소나무

을를에서 고민하다

어떤 시인*의 시집 제목이 '은는이가' 라는데
표제가 된 시 '은는이가'를 읽으며
조사 하나에 고민하는 시인의 고충보다는
고충 자체를 시로 해부해 내는
시적 발상에 혀, 내두르는데

혀,
나는 혀 뒤에 를을 붙일 것인가 말 것인가
주로 리을 받침 가지고 끙끙대는 무거운 사람
남편이 좋아하는 골프도 딸이 전공하는 바이올린도
힘을 빼야 한다는데, 나는
잘 해보려고 하는 일에는 힘부터 들어가서
제풀에 지쳐버리거나 아예 망쳐버리기도 하는데
'은는이가'의 시인은 가벼운 니은부터
받침 없는 이가에 이르기까지
리을의 기간은 없었을까

버터 발음의 핵심인 엘L과 알R까지
수시로 헤매는 나의 혀끝
섣불리 힘 빼다가 연장마저 놓쳐버릴 것 같아
빠득빠득한
혀.를
조.마.조.마 놀리고 있는데

* 정끝별 시인.

나 가끔

나 가끔
땅바닥에 퍼질러 앉아
늑대 울음 울고싶어
학교에서 돌아오면
텅 빈 집 들마루에 앉아
엄마 엄마
울어대던
그때의 아이가 되어

나 가끔
인적 드문 그늘에서
미친 듯 춤추고 싶어
머리에 꽃꽂고
실실 웃으며
온 동네를 휘젓던
그녀의 몸짓으로

나 가끔
옛사랑의 흔적을 찾아
헤매고 싶어
죽도록 사랑하지 못했던 순간들
눈물없이 떠나보낸 사람들

내 님은 그리움
몽땅 쏟아부어
울고 싶어
춤추고 싶어

블랙 앵거스

사우스다코다에 가면
금빛 초원 위를 노니는
세월 좋은 검은 소를 쉽게 만날 수 있다

어둑어둑한 저녁나절
눈발 휘날리는 들판에서
해가 지든 눈이 오든 제 알 바 아니라는 듯
유유히 풀을 뜯고 있는데
영악한 사람들은 하늘을 가리는 어디론가 다 피하고
우둔한 저들은
하늘과 땅 사이를 가득 채운 하얀 눈 세상에서
하던 일 계속하고 있다

축복의 크기를 확인하기에는
어둠만큼 좋은 것이 없다는 듯
눈이 발하는 수억의 빛을 온몸으로 읽으며
세상 여념 없이 풀을 뜯고 있는데
얼 만큼 어두워져야 집으로 돌아가는지
느린 저 걸음으로 밤새 다다를 집이 있기나 한지
혹은 저 들판이 바로 저들의 집은 아닌지
온갖 상상을 하다가

>

차든 집이든 건물이든
더 크고 더 멋진 곳에 몸 싣는 것을 지고의 낙으로 삼다가
자기 몸 크기만한 관 속이나
혹은 한 줌의 뼛가루를 담을 조그만 단지 속으로 돌아가는
인간의 결국과
그 인간들을 위해 한 몸 온전히 내주고 가는
저들의 결국에 대하여 생각하다가

영혼 꼭 붙들고
가던 길 쪽으로 사라져 가는 일 외에
길이 없어

길을 간다

한 겹

발그레한 복숭아 한 껍질 벗겨내면
단내 물씬, 보드랍고 말캉한 살
아가 입에 물리는
엄마 젖이다

얄팍한 주걱으로
누르스름한 된장 한 겹 걷어내면
배추속대처럼 말간 빛
고향이다

이사 올 때 깔아 놓았던 장식용 카펫
몇 해 만에 걷어내면
숨죽여 있던 뽀얀 털 보송보송
부드럽고 나긋나긋한 처녀 살이다

마음 한 겹 걷어내는 곳 없을까
벗겨내고 나면
남아 나는 부분이 있기나 할까
그 두툼한 한 겹

* 본국 YTN 뉴스 '동포의 창' 방영.

귀향

거대한 풍차 언덕이 장관을 이루는 팜 스프링을 지나
모래 구릉 위로 둔버기 넘실대는 고든 웰스를 지나
세월이 멈춰서 있는 풍경들을 지나고 지나
떠난 사람 남은 사람 영원히 살고있는
애리조나 유마에 다다랐네
이 땅을 제 하고는 나의 이민사를 온전히 엮을 수 없는
처음 미국 와서 살던 곳
내 살던 집에서는 낯선 불빛 새어 나오고
내 다니던 교회가 하얗게 늙어가고 있네
툭 치면 먼지 풀썩일 듯 추억 잠시
몸 일으키다가 조용히 가라앉네
허허벌판 사막에는 유럽 황실처럼 번듯한 건물들의 위용
물 없이도 번성하는 선인장처럼 흥 하는구나 카지노
이름만으로도 별천지
영혼의 수액 쪽쪽 빨아들일 것 같은
시간의 여울이 가뭇가뭇 구름조각으로 흩어지네
아무에게도 읽히지 못한 한 권의 책처럼
아무것도 아닌 듯 아무 일도 없었던 듯

저승 가서 바라보는 이승 같을까

그네타기

1학년 1반 그 여자아이
해거름 저녁이 다 됐는데도
그네를 타고 있네

학생 선생님 부모님 장사꾼까지
그득그득 담아내던 운동장
아이 눈길이 가닿을 수 있는 가장 넓은 우주
아득히 먼 운동장 저 끝 가뿐히 내려앉을 듯
막차의 아쉬움으로 다리 한껏 굴리고 있네

그 아이 다리 힘껏 굴러 하늘 높이
그 곁 가만히 다가앉은 나는
다칠세라 나지막이
어린 나 어른이 된 나
나란히 그네를 타네

보일 듯 보이지 않는 것들 찾느라
안경도수 높아지고
잡힐 듯 잡히지 않는 것들 잡느라
손등의 힘줄 날이 서 있는데
헛손질만 하다 왔어도 눈 뜬 세상은 너무 넓어

>

꿈꾸듯 그 아이 바라보았네

보이니?
그 너머

울음의 시

미치도록 화창한 날

울고 싶어서
아무에게 들키고 싶지 않아서
침대에 엎어져 있다가 슬며시
시집 한 권 뽑아 든다
몇 장 넘기다가
어어 어어, 하다가
자리 잡고 첫 장부터 차근차근 읽는다
밑줄도 긋고 하이라이트도 쳐져 있는
오래전의 흔적
그때도 내 속에 울음이 있었구나

울음 고여 시를 읽고
울음 터트려 시를 쓰고

잠 속에서도 자란다

아무 스케줄도 없고 말할 누구도 곁에 없는 주말
거실 바닥에 폭신한 담요를 길게 깐 후
가슴 아래 말랑한 쿠션을 집어넣고 엎드려
책을 펼친다
글 속에 등장하는 각양의 인물과
작가의 정신 속으로 빠져드는 즐거움이 읽을 때마다 다른
가능하면 손때가 약간 묻은 책
감동의 물결 속 잠깐잠깐 엄습하는 졸음
책 속의 기구한 혹은 반짝이는 인생들 때문에
잠은 얕고 분분하다.
포근한 바닥과 맞닿은 가슴 속에
책 속의 이야기가 둥지를 트는 두둑함
많은 말을 쏟아낸 어느 날의 가난해지던 마음과
허망한 잠자리를 떠올린다.
부질없는 것으로 메꿔질 뻔했던 시간이 알곡으로
가득 차는 기분
하루를 접는 잠자리가 흐뭇해지고
잠 속에서도 나는 자란다.

겨울

슬쩍 건드리기만 해도
풀썩 꺼질 것 같은
공 하나
있다

구르고 굴러
성한 곳 없지만
그래도
익숙한 것은 구르는 일뿐인

해 환한 날의 추억만으로
굴러가는
하루

웅크린 등뼈 사이로 새어 나오는
옅은 물기
눈여겨보는 이 없고

말을 그려내던 입
그 간절한 소통의 물꼬도 닫혀버린

가는 세월이

굴리고 있는
공
하나

어머니…

가난한 행복

한국에서 온 유명인사의 시국 강연회에 갔다
원고 하나 없이 술술 쏟아내는 맛있는 말
말만으로 배가 부르다면 터지고도 남았을 텐데
강연장을 나서는 순간 허기가 진다
희망의 메시지만으로는 채워지지 않는
육신의 존재
시국과 애국과 미국과 한국과…
원대한 나라의 미래보다 시급한 것은 배를 채우는 일
천지에 널려있는 식당 두고 귀신이 잡아끄는 듯
기어이 집으로 온다
버리기 일보 직전의 시래깃국 데워
밥 한 덩이 으깨어 한술 뜨니
이 단순한 행복 새삼 눈시울 뜨겁다

덤

가냘픈 체구에 표정이 여릿하던 포장마차 아지매

건들건들 건장한 남자 여럿 들이닥치면
난 일도 없이 왔다 갔다 인기척을 들여보냈는데

오뎅 한 꼬치와 뜨끈한 국물
그 사소한 덤에 내 속의 착한 것이 불뚝 일어났던 일
빛바랜 사진 속 반짝 빛나는
그립다 내 어린 가슴

웬만한 덤으로는 덤덤하고 없으면 외려 손해 본 듯한 세상
덤이 제값을 넘고도 돌아는 가는지
아니 돌아버리다가 곤두박질쳤는지
엉클어져 버린 가치

경기가 바닥을 쳤다 아니다 분분한 말 허공을 치는 동안도
몸담을 집 있어야 하고 몸에게 먹여야 하고 몸 덮어야 하는
아아, 몸
존재의 우주
측정할 수 없는 가치 하나 변치 않는 사랑 하나

호흡마다 덤이구나

빨강 매니큐어

아파트 아래층 그녀
화장하지 않아도 좋은 옷 걸치지 않아도
돋보이던 미모
유일하게 정성 들이는 곳은
핏빛보다 빨간 색깔로 빈틈없이 꽉 채운
기다란 손톱
순백의 그녀와 따로 노는 것 같아
의아한 눈길 감출 수 없었지
남자가 술 좀 하는 줄은 알았지만
살아봐야 알지 누가 알았겠냐고

자다가 냉장고를 화장실로 알고 소변 보는 것은 집 안의 일
어느 집에 들어갔다가 기겁한 안 주인 보고
뛰쳐나온 게 자기 신발 한 짝 그 집 남편 신발 한 짝 신고 나와
다음날 그 집 주인이 신발 찾으러 왔더라며
그것도 조금 민망하고 말면 되는 일

급기야 자정 넘어 귀갓길에 오토바이 탄 사람 친 줄 모르고
집에 와서 잤는데 꼭두새벽에 들이닥친 경찰
빼소니 음주 운전으로 쇠고랑 채워 갔다며
주저리주저리 늘어놓는 사연
가정 박차고 나갈 용기도 없고 그냥 이렇게…

빨강 매니큐어 정성껏 바르며 말끝을 흐리던 그녀

네일샵에 가면 여왕이 된 기분이 든다며 양손 반짝반짝 흔드는
이웃 얼굴에 뜬금없이 그녀가 겹쳐지네
손톱에 사연 만들어 넣는 네일아트 세상에
촌스러워라

나를 살게 하는 소리

부엌을 개조한 뒷방, 움푹한 토굴 속으로
다리 하나 조심스레 내리는
늙은 가장家長
중심을 잡느라 잠시 뒤뚱
남은 다리와 함께 몸을 말아 넣는다
휑한 세월도 따라 들어간다
바닥에 몸을 눕히는가 싶더니
코 고는 소리 간간이 새어 나온다
칵, 정점에 이른 후 잠잠하다
혹시나 하여 슬며시 다가가니
한꺼번에 쏟아내는 폭발음 문을 밀치고 나온다
고삐 풀린 세월이 부리나케 튀어나온다

도마 소리에 청청한 아침이 열린다
숭숭 썬 풋배추에 간장과 참기름 한 방울 떨어뜨려 비벼낸
고슬고슬한 밥, 어머니의 사랑이 고봉으로 얹혀있다
손가락 뭉텅한 거지가 들어서자 잔뜩 겁먹은 소녀
움츠러드는 손으로 음식 한 됫박 건네준 얼굴
침침하던 부엌이 환해진다
넋두리부터 풀썩 부뚜막에 내려놓은 미제장수 명옥이 엄마
퍼질러 앉은 엉덩이가 천근이다

>

갖은 양념으로 버무려낸 시간들
세월에 찌들지 않은 것들 끊임없이 살아난다
처음에는 간간이, 정점을 지나는가 싶더니
폭발음으로 쏟아진다

나를 살게 하는 소리
청청靑靑하다

새털구름

파란 하늘에 하얀 새털구름
한 움큼 뜯어내어
눈싸움하듯 너에게
솜싸움 걸고 싶다

힘껏 던져봐
맞으면 몸이 간지럽고
맞지 않으면 마음이 간지러워

몸의 힘을 빼고
다시 던져봐
둥실 뜨면 하늘과 포옹하고
팔랑팔랑 떨어지면 가문 땅 적셔

잡히지 않아도 모두 내 것인
구름 같은 사랑
새털처럼 흩어져도 멈출 수 없어
푸른 광장 한량없이 펼쳐지는
하얀 꿈

잭슨 호수*에 가면

잭슨 호수에 가면
고개 들어 하늘부터 보라

하늘 봐 하늘, 누군가 외치는데
하나님 하나님, 당치않은 그 말 같기도 하고
하니 하니, 낯 간지러운 그녀 음성 같기도 하고
감탄을 뒷받침해 줄 수 있는 말을 찾느라 잠시 고민하게 된다
눈이 시리다,는 누군가의 말에 눈이 시려 오고
오리지날 하늘이야, 외치는 소리에
아, 그래 창세기 첫날의 하늘
한 치 착오없는 조물주의 감각을 떠올리며
눈물이 날 만큼 투명한 하늘을
오리지날 마음으로 바라보게 된다
하늘 향해 입을 모으고 있는 나무들의 합창 소리
자잘한 바람에 은빛 반짝이며 온몸을 떨어대는 은사시나무
노래와 춤사위가 천지에 가득한

잭슨 호수에 가면
하늘을 바라보는 사람의 얼굴을 유심히 보라
호수도 넋을 놓아버린

* 캘리포니아 샌버나디노 'Angeles National Forest'에 있다.

지진, 그 끔찍한 멀미

빌딩의 떨림이 온몸으로 번져오는데 몇 초
소름이 온몸을 훑고 지나갔다
어떻게만 연발하다가
곁에 있는 사람을 꽉 껴안았다
창밖에는
놀라서 뛰쳐나간 사람들의
부르르 떠는 몸짓들이 보인다
흔들림은 잦아들고
몸 구석구석 스며든 여진
속이 울렁거리기 시작한다

버스 기차 비행기 배…
멀미 약이라면 멀미가 날 정도로 많이 먹고살았다
강력한 약 기운에 슬며시 꼬리 내리던 의식
지구 안인지 바깥인지 몰라도 상관없었다
몽롱한 어둠을 헤매는 동안
세상은 알아서 돌았다

멀미 때마다
부활의 기쁨처럼 내디뎠던 땅
이젠 그마저 눈 똑바로 뜨고
지켜봐야 한다

입 쩍 벌린 아가리로 불길 활활 뱉어내다가
한순간에 꿀꺽 삼켜 버릴지도 모르는
못 믿을 땅

하늘뿐이구나

3부

길

늠름한 승희는
공부도 잘하고 돈도 잘 벌어
친정집 시집 남편 모두 기 살려 주고 할 수 있어, 가
몸에 배어 불끈불끈 주먹을 쥐는데 뿐인가
인생의 후반전을 어떻게 가치 있게 살 것인가로
고심까지 하고 있는데

맹숭한 소희는 공부를 잘했나 놀기를 잘했나
어중삥삥이로 보낸 학창시절
돈 버는 능력이 있나 능력을 키우겠다는 야무진 꿈이 있나
어떻게 되겠지로 보낸 한심한 청춘
말하자면 공상학과 출신이라고나 할까

땅에 발 단단히 딛고 전심을 다 해 분투한 승희와
땅위 한뼘 정도 떠서 흐이흐이 허공을 휘저으며 걸어온 소희
사이에 결과로 말할 수 없는 것이 있다든가
그런 차원에서가 아니라 그냥 내 머리가 확
열리면서 한 길을 걷고 있는 두 사람의 시작과 끝이
훤하게 보이는 것이다

한순간 보였다가 사라지는 것이다

토마토 수프

한국서 온 친구와
바다 곁 노란 집에 갔다

토마토 수프 한 술 뜨다 말고
이국적이지? 노을.
뜬금없는 친구의 자문자답에 순간
둘 사이 전류가 다시 흐르고
각자 걸어 왔던 길로 여행을 떠난다

아픔과 기쁨이 뭉텅뭉텅 구분 지어져 한 줄에 꿰어지고

베어 먹을수록 더 늘어나고 더 사무치는 순간들
꿈에도 그립지만 돌아가고 싶지 않다는데
의견 일치

벌겋게 달아오른 노을 한 덩이 풍덩 녹여 만든
뜨끈한 토마토 수프 한 컵으로
지금이 좋다, 에
정점을 찍다

거품

바다에 오는 내내
무시당하고 산 세월이 분하다며
부글부글 거품 내뿜는 그녀
바다가 보이는 찻집에 앉아서도
지치지도 않고 또 몇 시간

눈 좀 들어 저 멀리
경계도 없이 한통속이 되어버린
하늘바다 좀 봐
안개커텐 드리우고
바다가 하늘에 안긴 건지
하늘이 바다를 덮친 건지
쟤들이 일 제대로 벌이고 있어
하다가는

분통이 나에게 날아올 것 같아
거대한 거품 바다만
쉼 없이 찍어 눌렀다

그때 그 사람 아닌 것 같아

이상적인 커플
이상적인 우정
때로 위태한

따뜻한 기대 어긋나
불신의 소용돌이에 휘말리면
추억도 희망도 손 놓아버리는가

세월 돌고 돌아 회복되어도
그때 그 사람 아닌 것 같아
아득한 그리움에 기대어 보는가

절실했던 순간 신기루처럼 사라지고
살아 있어 살아지는 인연들끼리
헛돌아버린 세월을 통곡하는가

맨해튼 비치에서

노을과 바다의 입맞춤
아슴한 배경으로 흐르고
팔만 뻗으면 손 닿을 거기
펄떡거리는 고래 떼
짙은 실루엣으로 춤추는
맨해튼 비치

양손에 들린 신발
훨훨 날갯짓 하는 맨발의 연인들
촉촉한 발자국
언약처럼 선명하다
모래에 새겨진 사랑의 고백
파도 뜨겁게 출렁인다

안개 위를 떠다니는 듯
종종걸음치는 갈매기
태초의 기억만으로 한 생을 사는가
어둠 포근히 내리면
비릿한 해조음에 사랑 실어
영원을 노래해도 좋겠다

암초

멀리
바다가 보이는 내리막길을 달린다

어제 잔잔하던 바다
오늘 파도 사납다
가끔 불뚝 성질 너무 착해질 필요는 없다는 듯
제 속 열어젖힌 바다
맞다 맞다 맞장구치며 내 달리다가
바다로 직진할 수도 있는 속력 앞에 아찔하다
차의 거친 기운 온몸으로 끌어안고 다다른 바다
바다에 떠 있는 온갖 것들
파도 타듯 제 길 가고 있다

한참 만에야 눈에 들어온 저기 저
암초를 덮고 있는 배 한 척
가는 듯 멈춰있다
아, 너무 많은 생각을 품고 있는 나도
그렇다

그대를 내려놓아야 한다

사소한 일

매일 아침 거울을 본다
앞모습 다듬고 뒷모습 확인한다
혹 마음에 들고
혹 아니다

손을 씻으며 거울을 본다
이쪽 거울보다
저쪽 거울에 비친 모습이
조금 더 생기롭다

다른 누구와 비교하는 일도
경쟁하는 일도 아닌
아주 사소한 일상

어제와 오늘의 작은 차이
오늘과 내일의 작은 차이
아무도 관심 없는 내 생의 발자취
사소한 지혜로
나의 변천사에 집중할 수 있다면

사소한 내 사랑이
당신에게 가 닿을 수 있다면

땅 한 줌

종종걸음 마음만 앞서가는 아이

도랑 건너듯 폴짝하면 되는 거리
머뭇거림 젖히고 태평양 건넜지
잠시 맡겨둔 친정 다락방 이불 몇 채
비행기 소리 날 때마다 웅성거렸지
추억 허물고 세워진 낯선 길
길 잃어도 겁날 것 없었지
맘껏 휘젓던 동네 어귀에
숨 쉴 틈 없이 박혀있는 차들
그 사이 미친 듯 달리는 오토바이
가까운 뉘 집 아들딸 같아
걱정스레 사랑했지

부를 이름 살아있을 제
변화는
웃음처럼 정겨워

다 떠난 이제
그냥
떠올리기만 해도 가슴 저린
땅 한 줌
살아 있지

입맛

외 아들 암 투병의 날이 끝을 향해
치닫고 있을 즈음
한국에서 날아온 그 부모
앙상한 아들 붙들고 꺽꺽 억장 무너지는 울부짖음
귀 있는 자들 온통 가슴 저몄는데
눈물 잔치 폭풍 몰아치듯 지나고 나니
텅 빈 뱃속
모래라도 삼켜야 하는 산목숨
눈물보다 더 짙은 본능 따라
근처 식당 한구석
국밥에 머리 박고 있는 노부부의 뒷모습
저리 슬픈 그림 어디 또 있을까
눈시울 적시며 나도 한 술 뜨고 있는데
거짓말처럼 들려 온 음성
"영감…. 깍두기가 좀 싱겁지요…"

아아 몹쓸 입맛

하늘에서 왔어요

땅!
호루라기 울리면
하늘과 땅 사이 무한 공간을
홀씨 같은
영혼 하나 날아요
길게 펼쳐 놓은 땅 한 장
노을빛 등불 아늑하네요
하늘보다 정겨운 당신
산보다 큰 당신과의
전 생애
폭풍 몰아쳐 못다 한 소풍 길
그 눈물겨운 아쉬움으로
하늘 천 년 반납하고
한 달음 쳐 왔어요
그런데 이 지글대는 냄새는 무엇인가요?
아, All You Can Eat!
무제한 고깃집이네요
사람이 그렇지요
사람이 그렇지요
사람 보내는 일이 그리 쉬울랴구요
이래저래 지친 당신 많이 드세요

우산 속의 봄

성깃성깃한
갈 단풍나무 아래
색색의 우산을 든 여학생들
옹기종기
모여있다

부채 꽃 지긋이 오므린
고깔모자 속
꽃술들의 조잘대는 소리
지지배배
들린다

꽃 지붕 위로 내려앉던
젖은 갈잎 하나
까르르
터지는 웃음소리에
화다닥
몸을
뒤집는다

겨울비가
쏟아져도

물오른 꽃대 궁宮 속은
늘
봄날이다

* 본국 YTN 뉴스 '동포의 창' 방영.

숨쉬는 뜨락

심심한 뒷마당에
조그만 분수대 들여놓다

새 떼들 모여들어
물 마시고 목욕하는 아침나절
제 세상 만난 듯 발길질에 몸 털기에
재재 소리 청아하다
사선 그으며 나르는 물방울에
지나던 바람의 정체 드러나고
창 안을 기웃대던 자잘한 꽃
물소리 향해 고개 팔랑 젖히면
날리는 꽃향 위로 허밍버드 맴을 돈다
합류할 기회 노리는 듯 담벼락 위 다람쥐 몇 마리
알레그로 음계 타고 곡예 부리면
옆집 담 위로 불쑥 솟은 팜 트리
지휘봉 높이 든다

박장대소 하늘 소리 들린 듯
새는 포로로
나비는 포롱
다람쥐는 후라락
팡팡 꽂히는 팜트리 느낌표

뒷마당 하늘 관통하는

차 한 잔 받쳐 든 나도
호흡 깊게 가다듬는다

무너진 나무 한 그루

— 위안부 할머니를 생각하며

산책길에
넘어져 있는 늙은 나무 한 그루
둥치가 들린 채 벌렁 누워있다

뿌리들 사이로 삐져나온 지하수 파이프는
둥치를 깊숙이 관통한 채
꽂혀 있는 닙본도日本刀

살아 있는 심장에 찔러 넣어
죽어도 빠지지 않는 칼날을 붙잡고
아, 아직 피를 토해내고 있는
몸부림치는 소리

잘못했다고
한 마디만, 한 마디만 해달라 그리 외쳐대는데
인두겁을 쓴 저 짐승들
끝까지 짐승으로 남기를 주저하지 않는다

못 본 척 못 들은 척
미안합니다. 미안합니다.
나는 발걸음만 재촉하며 돌아가는데
삐죽 솟은 지하수 파이프 위에는

다람쥐 한 마리 올라앉아 있고
나무는 이제 곧
토막토막으로 잘려나가 사라질 모진 생
눈물겨울 뿐이다

가을 길을 걷다가

낙엽이 눈처럼 휘날리네

엷고 짙은 천연의 색깔
숨 막히게 화려한 단풍 길
무공해 공기 무공해 하늘 발걸음마다
바스락바스락 무공해 운율 타고 걷네

단풍 지는 가을 길은
속내 털어내는 가을 여인의 끝 없는 멍석
걸어온 십 리 길이 헛걸음이 되었다거나
단 몇 발자국이 십 리 길보다 멀게 느껴지던
암담함에 대하여
바스락바스락 밑바닥에서 들려오는 사연

단풍 더욱 짙어지고
햇살에 반짝이는 눈물
팔랑팔랑 낙엽되어 떨어지네

다 떨어져 흩어진 자리
나무둥치 더 단단해져 있고
고운 단풍 서러운 낙엽은 생명의 각질
바스락바스락
사라지는 눈물임을 알겠네

공작새

— 뇌출혈로 쓰러진 친구를 생각하며

신이 간섭하지 않았다면
저리 고운 날개를 가질 수는 없어
저리 우아하게 날개를 펼 수는 없어
혹여,
날개에 상처를 입었다고
저 오묘한 빛깔 잃은 것 아니지
일어설 기운이 모자란다고
펼칠 수 없다는 말 아니지
온전함을 다시 찾으려는
저의 의지와 자생의 시간이 필요하지
날개 깃마다 총총히 박힌 눈 다시 반짝일 수 있도록
저를 만드신 이에게
불쌍히 여김을 받는 것은 더욱 필요하지
자비와 긍휼의 새 날개 한껏 펴 춤추고 싶다는 말이지
빛과 기운 다 하는 날까지 더 진실하게
더 기품있게 춤추며 노래하고 싶다는 말이지
천만 번 감사하며 살겠다는 말이지

등대처럼

— 타냐의 시집 『나는 나의 어머니가 되어』를 읽고

이민 오기 위해 부모가 위장이혼했던 자신의 과거
부모가 갈라서 중간지점이 되어버린 이웃 아이
기구한 양공주의 길을 걸어온 어느 여인
타냐 시에 등장하는 인물들이
슬픈 드라마의 주인공보다 더 아프네
한국인이면 누구나 아는 일본군 위안부의 사연
그녀의 분노와 통곡 소리 어찌나 크던지
미안하고 부끄러운 심정으로 울먹였네
딸로 아내로 엄마로 중심을 잡으려
조각 이불의 정성으로 짜여진 가지런한 생각들이
바닷가의 등대처럼
사람다운 사람 시인다운 시인의 길로 안내하네
그 조그만 몸이 그 깊은 사랑이
우리 속의 거친 파도 토닥토닥 다독이네

당신의 에덴

에덴의 기쁨
에덴의 풍요
하나님과 함께 거닐던 동산
잔디 고른 양지의 순한 생명들
한 언어로 사랑을 속삭이던 곳

그 여운 아직도 들리는데
살기 위해서
진정 살고 싶어서 따 먹은 선악과라고
끊임없는 핑계와 변명에
가슴 치던
님

에덴은 동산이 아니야
바로 너야
님의 처절한 고백
피 울음의 겟세마네 동산

어쩔 수 없는 저도
당신의 에덴이 될 수 있나요?

기도

눈을 감으면
우주에 흩어져 있는 내 별들
가까이서 멀리서 선연한
제 빛으로 저요, 저요,
조용한 외침으로 온다
쟁쟁 울리는 품 떠난 자식별
와락, 또 눈물이다
다소곳이 차례를 기다리는
허기지고 다급한 뭇 별들
내 깊숙한 곳 비장의 사랑으로
하나하나 그 이름 불러내어
오롯이 단에 올린다
뜬금없이 찾아와 상처를 헤집는 별
온전히 껴안기는 하늘의 별 따기
한두 번 따 본 기억 더듬어 손 내미는
내 가슴 비워내야 비로소 채워지는
별들의 광장
빛난다 빛난다 새벽에 빛난다
그 빛 길이 되어 나를 살게 하는
유일무이한 하루의 당찬 시작이다

거듭나기

가슴 속
시커먼 숯덩어리
왈칵 쏟아놓고
오열합니다

온몸
다닥다닥 엉긴 욕망 덩어리
절제의 불로
지집니다

깨진 그릇 동여매어
맑은 생수 출렁이면

하나님과 사람 앞에
굄 받는 자로
자라갑니다

새벽기도

꿈길 어디에선가
순간의 의식을 내리치는
알람 소리
지난밤의 약속을 흔들어 깨운다

어둠의 기운
목구멍 깊숙이 헹궈 내고
거울에 비친
부스스한 생존

새벽 안개 가르며
그대 앞에 무릎 꿇으면
통째로 안겨 오는 하루

부싯돌이 당기어지고
환한 빛에
세상이 부시다

4부

하늘에서

아득한 하늘 아래
큰 손으로 한번 쓸어버리면
무無가 되는 곳에
복에 목마른 내가 보이네

어제 멀쩡하던 사람 오늘 죽어가는 일
천지에 널려있는 남의 일
그 천지 속에 호흡하고 있는 나는
괄호 앞뒤로 쳐놓고
보호하시는 분의 특별한 은혜를
노래했네

내 속에 갇혀 있는 옹졸한 축복
이제 그만 풀어주고 싶네
백기 든 포로의 평안
온전히 누리고 싶네

빛의 길

새로울 것 없는 세상이 새롭게 보이는 것은
사랑에 눈이 뜨일 때
사랑해-
행복해-
그러나
채워야 할 가슴의 빈자리
하늘만큼 커져 있다

새로울 것 없는 세상이 새롭게 보이는 것은
영혼의 눈이 뜨일 때
찬란해-
평안해-
빛의 길
그 하루하루가 감사의 여정이지만
어둠에 익어버린 습성
허물기까지
얼만큼의 그늘을 지워야 하나

우주를 다 담고도 남는
그대
빈 우리의 생
빛으로 채워주시고
빛으로 품어주시네

뭉크의 절규

우연히도
세 권의 책 속에
나란히 출현한 화두話頭
절규

꾹꾹 눌러 둔 것들
손만 떼면 캭
소리치고 싶은 사연 하나쯤
없는 이
이 땅에 있으랴만
그들의 절규에
위로받지는 마시게
귀 막는다고 들리지 않을 성싶은가
눈 휘둥그레지고
입 다물어지지 않는 일
어제오늘인가

뭉크의 절규는
해 저물 때쯤
엄마가 부르는 소리에
아 벌써 집으로 돌아갈 시간이…
라는

아이의 낭패한 얼굴이네

어쩌면
하나님이 당신을 부를 때
딱 한 번 써먹을지도 모르는 바로 그
표정

엄마의 자개장

흐트러짐 없는 여왕의 자태
차곡차곡 채워 넣은 세월
허접한 내용물도 번듯하게 포장시키던
친정집 안방 자개장

불러도 불러도 지겹잖은 꽃노래
'이게 얼마짜린 줄 아니?'
반들반들 광내실 때
엄마의 자존감은 반짝반짝 빛을 발했지

안방 차지했다고 큰소리쳐도
문밖의 세월 이기지 못해
찾는 이 없는 애물단지 신세
중고품 점에 알아보니
돈 주고 부숴야 한다네

가위눌린 듯 소리되지 못하는
빛바랜 위엄
쫓기듯
남은 생 실으러 실버타운 가시는
우리 엄마

국화차를 마시며

바싹 마른 국화꽃
뜨거운 물 속에서 몸을 푸네
연 노란 빛깔에 사푼한 향기
은근히 풀어내고
여한 없이 가라앉네

그때
아버지의 국화는
편안하게 가라앉을 수 없었네
늘그막에 시작한 한 철 장사
국화꽃 분재
만개의 순간부터 죽음으로 치닫는
생물을 대책 없이 바라보는 일은
돈보다 더 조급증 나는 일이었네
이미 곤두박질쳐버린 생명 값을
지독하게 후려치던
퍼드러진 국화보다 야속했던
여고 동창

아버지의 속울음 소리 깊게 배인
국화 향기
마르지 않는 그리움
말갛게 우러나네

집

살아있는 자가 살고 싶은 곳은
오직
집

당신 살아있다고 발은 늘 침대 밖으로 달려간다는데
떨어져 죽어도 가야 한다는데
그러다가 진짜 죽어요
병원 침대에 묶여 피멍으로 얼룩진 아버지의 손목과 발목

침대에서 해결해야 하는 생리
갓 태어난 아기처럼 기저귀를 채우네
생명의 뿌리 거기 있었어도 없었던 것처럼
사람들, 안 본 듯 보네
보면서 안 보네

아버지 저 왔어요
목뼈 사이사이 움푹움푹 우물 목걸이 두르고
초승달 눈 합죽한 입 헤 벌린
벌떡 일어나 얼쑤, 어깨춤이라도 출 것 같은 표정
하회탈

저 누군지 아세요?

오물오물 내 이름
아버지 입속에서 활짝 피어나네

가슴에 사랑하는 이들의 이름 다 살아있는데
살아있는 자가 가고 싶은 곳은
집
뿐인데

어허, 아버지

영이 떠난 몸은 물체에 지나지 않는다고 했던가

섬뜩할 만큼 차가운 턱
'이마도 만져보고 볼도 만져보고 그러세요'
저승사자 이미지에 딱 어울리는 젊은 장의사의 한마디
마음속도 꿰뚫는 영험함에 놀라 모두 슬며시
아버지의 이마에 손을 얹는다

이생의 기운 드나들 만한 구멍이란 구멍 모두 무명으로 채우다가
틀니 안 하셨었어요? 의아한 듯 묻는 장의사
입맛이라도 쩝쩝 다시면 큰일이라는 듯 여지없이 틀어막는다
안 했어요. 느직하게 뒷북 둥, 울리는 엄마 얼굴이 살짝 환하다

한 줌의 재가 되어, 태평양 건너 당신 아들 곁에 묻히고 싶다는 어찌어찌
알아들은 마지막 말, 딸들을 황망하게 했던

아아, 아버지 불 속으로 드시는구나
앗 뜨거! 앗 뜨거! 복도 이 끝에서 저 끝까지 동동거리며 미친 듯이 뛰어다니는

어린 딸을 앞세운 어느 엄마의 사연이 아니더라도
벌떡거리는 몸 애써 붙잡는 사람들의 손에는 소주잔이 돌아가고
오래 곁을 지켜온 딸들은 합죽한 아버지 웃음만 붙들고 늘어진다

회 한 접시에 막걸리 한 잔이면 족하시던 아버지
당신이 한 게 뭐 있소? 타박 소리 타작하듯 해대도 어허-
외아들 눈감을 때 눈물 한 방울 없는 매정한 양반이라는 소리 들어도 어허-
헛기침만 뱉으시던 아버지
하늘과 땅 가지 못할 곳 없으시겠다
한달음에 아들 만날 수 있을 테니 좋겠수! 엄마의 마지막 핀잔에
어허-
벌떡 일어나셨었겠다

야쿠르트 사랑

한국 마켓에서 사온
스무 개 묶음 야쿠르트
냉장고 문 여닫으며
달큼한 추억에 잠긴다

시끌시끌한 시장통을 삼십 분 정도 걸어
목욕탕 문을 밀치고 들어가면
왼쪽은 여탕
오른쪽은 남탕

아가야 여기
굵직한 남자 목소리
말도 끝나기 전에 소리는 사라지고
커튼으로 가려진 여탕 탈의실 안으로
야쿠르트 한 병 배달되어 들어온다

엄지로 콕 찍어 은박 껍질 벗기고
연분홍 음료 쪽 들이키는 아가
한 병이라는 포만감으로
충분했던 작은 병

아가였던 막내며느리

야쿠르트 뚜껑 콕 찍으며
떠나신지 까마득한
시아버지 음성 다시 듣는다

명당자리

그 남자
파킹장에 들어서면서 지나쳐버렸다
비어있는 첫 번째 자리

가까이 있는 파랑새를 잡아야 한다고
일침을 가하는 여자
속이 아린지 뒤돌아본다

파킹장을 나오며
저기 봐 저기 엄청 동그랗지?
지구 저 바깥쪽 아득히 먼 곳을 가리키는 남자
그 남자의 손끝 따라 한참 만에야 토실토실
살 오른 달 한 덩이 가슴 뭉근히 끌어안는 여자

손짓 하나로 하늘과 바람과 별까지
뜰 안 가득 불러 모으는
그 남자

풍성한 그 남자의 뜰은 제 속 파랑새만 좇아 사는
그 여자의
명.당.자.리.

옛날 옛적에 1

층층시하
끼마다 상을 대여섯 번씩 차려내느라
진이 다 빠져나간
옛날치고도 유난히 체구가 작은 한 여인이
마흔 넘어 아기를 낳았대요
젖이 말라 암죽 먹여 키운 막내아들
사람 축에 못 낄까 봐 좋다는 것 챙겨 먹인 덕인지
키는 멀쑥하게 잘 자랐대요
직장 갖자 밥때 놓칠세라
보따리 싸서 아들 아파트로 오셨대요
뒷마당 텃밭에 배추, 무 길러
김치 푸지게 담아 온 동네 나누는
인심 후하고 흥얼흥얼 노랫소리 청아한 일흔의
여인 아파트 베란다 달려가
출근하는 아들 뒷모습 보며 하염없이
서 있었더래요

하늘,
드물게 맑은 아침이었대요

옛날 옛적에 2

손녀딸 보듬듯 막내며느리 보살핀 그 여인

직장 따라 태평양 건너 떠나는 막내아들 내외
살아생전 또 보겠냐며 그렁그렁한 눈으로
잡은 손 놓지 못하셨대요
제 사느라 이십여 년의 세월 보내고
정신 차리고 보니
구십 도로 굽어 공이 되신 어머니
어쩌다 드리는 전화 한 통만으로도 감격하셨대요
귀가 예전 같지 않아
TV 볼륨 소리에 집이 떠나간다는 소식 들리더니
'고맙다 고맙다'
당신 할 말만 쏟아놓고 뚝 끊으시더래요
그날도 같은 말 반복하시더니

아흔넷, 그 시대 여인 입에서 흘러나온 믿기지 않는
마지막 말
"너는 내 아들의 등불이야"

끊어진 전화기 붙들고
"어머니는 시인 중에 시인이세요"
중얼대는 며느리

달빛,
드물게 황홀한 밤이었대요

누이

잠시 머무는 동생네 밤낮으로 다듬는 누이
온 집 안팎이 말끔하네
담벼락 없는 동네 오가는 이웃들
낯선 누이에게 신기한 듯 말을 건네네
주섬주섬 몇 개의 꼬부랑말에
호탕한 웃음 하나 얻으면 어찌어찌 다 통하네
계절치도 않다 행맹이가 빠졌다 슬금하다
듣도 보도 못한 생뚱맞은 내 나라말도 술술 이네
누이의 가슴에 살고 있는 고향이 마냥 정겹네
꽃 나무 동물 눈에 보이는 족족 그들의
이름을 불러주네
이름이 된 사연도 줄줄이 꿰는 누이가 품고 있는
수줍은 언어가 오돌오돌 만져지네
누이의 가슴에 차오르는 생명들
시를 만나면 좋겠네
누이도 시도 모두 살겠네

뿌리

눈 하얗게 덮인 들판 곳곳에
가뭇가뭇 솟은
작물
때를 기다리는
뿌리가
마음으로 보인다

몇 가닥 남은 그대 머리카락
그 뿌리의 안부
안타까이 지운다

순리

애꾸눈이 된 내 차
새 눈 박아 달랬더니
간단해-
언제나 자신만만한 당신
인터넷 디렉션 따라
차고에서 땀 뻘뻘 흘리더니
아무래도 안 되겠다며
전문가 찾아가는 뒷모습
안 되는 것은 늘고
책임은 줄지 않고
그래도 무조건 해결해주려는
단 한 사람
두 눈 합쳐 예전의 한 눈 밝기 정도인
당신도 나도 애꾸
우리 둘 합쳐야 온전한 한 사람
눈 될까
간단한 일 아니래도
간단해-
여전히 앞뒤 없는 계산법

순한 길 따라가요
이젠 당신

공항 1

— 딸

제 갈 길 떠나는 사람 사이로
나의 아이도 보낸다
삶의 이유였던
이젠 손님처럼 다녀가는 아이
행여 고개 한번 돌아볼까 싶어
아이의 등끝까지 따라간다
훨훨 날아라 씩씩한 내 아이
마음 접고 돌아서는데
목이 마르다

공항 2
— 손자

목마름 뒤의 단비
기적처럼 오고 있다
기다림의 대열에 선지 오래
저 멀리 전력을 다해 달려 나오는
돌출한 생명 하나
모든 배경 사라지고
그 생명 내 품으로 돌진해 들어온다
와락,
우주를 껴안는다
숨죽인 몇 초
지구도 숨을 멎는다

공항 3
— 사랑

비행장 안으로 들어가는 딸을 보며
오래 서 있었다
탑승했다는 전화를 받고도
한참 동안

이제 그만 가자고 재촉하는 아들
'엄마 눈에는 아직 보여'
조용한 한마디에
민망한 듯 고개 끄떡인다

품 떠난 자식은 제 갈 길 가고…

저 멀리
붙박이 되어 서 계시는
두 분 모습
보인다

태평양 잇는 철로 하나 마음에 걸어놓고
수시로 손 흔드시는
어머니, 아버지

오늘에서야

그 손
보인다
저승꽃 소복한
손등이 보인다

샬렛(손녀) 첫돌을 맞으며

우리 품에 쏙 들어온
가슴 벅찬 선물
네가 웃으면
만 가지 근심 달아나고
네 몸에 난 작은 종기
만 가지 즐거움 순식간에 사라지네

엄마 아빠의 사랑의 결실
양가 가족 묶어 준 기적의 열매
너를 생각하면
자다가 웃음 나고
걷다가 웃음 난다

새싹의 신비로 가득 찬 아기야
만세 전에 계획하신
높으신 이의 뜻 안에서
한 영혼을 귀히 여기고 귀히 여김 받는
심지 곧고 아리따운 여인으로 곱게 자라거라

여자, 내 자리

흥얼흥얼
만면에 웃음 머금고 집안을 둥둥 떠다니노라면
추임새를 넣듯 식구들의 입은 헤벌쭉 걸음은 당실당실
햇빛 향해 기우는 해바라기처럼 나에게 다가온다

파르르
몸짓과 말투에 날이 서면
그들의 눈빛 깊어지고 온몸에는 그늘이 가득
질식할 것 같은 기운에 멀찍이서 빙빙 돈다

느직한
어느 한가한 한낮 한나절 늘어지게 자고 났더니
쥐 죽은 듯 고요한 사위
그들도 이 구석 저 구석 뒹굴어져 잠들어 있다
어떻게 된 건지 모르겠다는 듯 어깨 으쓱 올리는데
가슴 철렁 떨어지는 소리

무섭다 내 자리 고맙다 내 자리
대책 없이 굴어도 대책 없이 받아들여야 하는 인연
인생 전체로 뻗쳐갈 여자의 영향력의 지경은 무한대
인색했던 웃음 굳어있던 팔다리
품지 못했던 가슴의 회한 가득해도

여자이기에 앉을 수 있는 자리
여자이기를 포기해도 지켜야 하는 자리

결혼기념일

잠시 눈 돌린 사이
냄비 바닥에 두껍게 달라붙은
숯 검댕이
그 무심의 시간을 긁어내다가
문득
그대와의 약속을 떠올립니다

마음의 눈 돌리면
타 버릴 가슴
저 시커먼 숯에 비할까요
느슨했던 관심의 끈 아무리 당겨도
되돌려 놓을 길 아득하겠지요

허랑한 낭만을 부추기는 세대에
한번 맺은 약속 끝까지 지키는 것
쉽지 않지만
한 사랑으로 한 생을 채우는
여한 없는 인연
나 오늘 바라는 것
그것뿐입니다

해설

애이불상 낙이불음의 시

— 오연희 시집 『꽃』에 부쳐

나태주 시인

애이불상 낙이불음의 시
— 오연희 시집 『꽃』에 부쳐

나태주 시인

1.

오연희 시인은 현재 미국에 거주하는 교포시인으로 내가 그를 안 것은 얼마 되지 않았다. 2012년 3월, 다섯 번째로 미주지역 문인들 초청으로 문학 강연을 갔던 길에서였다. 매번 그렇지만 그때도 몇 차례 문학단체에 나가 문학 강연을 했는데 오연희 시인이 참여하는 글마루문학회에도 나가 문학 강연을 했다.

마침 글마루문학회는 엘에이 근처에 있는 빅베어라는 산에 있는 한 산장을 빌어 거기서 1박을 하면서 문학 강연도 하고 백일장도 했다. 참여한 모든 회원들이 매우 열성적으로 문학적 기량을 표현하며 또 공부를 하는 모습이 좋았다는 기억이다. 특별한 일은 모든 회원들이 참여하여 시조백일장을 갖는다는 것이었다.

그때 바로 그곳에서 오연희 시인을 만났다. 그런 뒤로 한 두 차례 오며가며 만났을까? 그런데 그런 오연희 시인이 이번에는 고국에서 시집을 내보겠다며 시집 원고를 보내왔다. 왜 나 같은 사람에게 시집 원고를 보여주는 것일까, 생각하면서 시집 원고를 살펴보았다.

시인에게는 미안한 표현이지만 의외로 시가 좋았다. 요즘 한국 시단에서 보지 못하는 시의 본질이 잘 살아 있고 건강한 서정이 숨 쉬고 있어서 좋았다. 시가 좋으면 시집을 잘 내야 한다. 이왕이면 다홍치마란 말이 있든지 내용이 아무리 좋아도 그릇이 허술하면 내용의 아름다움이 반감되기 쉽다. 이래서 내가 나서서 지혜출판사를 소개했고 지혜출판사의 반경환 대표가 또 이를 좋게 보아주어서 이 시집이 나오게 되었다.

멀리 미국, 덩치 크고도 낯설고도 힘 센 나라에 가서 소수민족의 한 사람으로 고달프게 하루하루를 견디면서 모국어를 잊지 않고 산다는 것이 얼마나 아름다운 일인가. 거기다가 한글로 시를 써서 시집을 낸다는 것은 얼마나 거룩한 일인가. 이야말로 애국 행위가 아니겠는가라고, 나는 생각을 하는 사람이다.

2.

오늘날 우리 한국시의 병폐는 시에 인간적 온기가 부족하고 시의 표현이 지리멸렬하고 사변적이며 선병질적이라는 점이다. 또 지나치게 자기중심적이면서 언어의 운용이 거칠다는 점이다. 그래서 시를 전문으로 하는 사람이 읽어도 그 내용이 쉽게 파악되지 않고 감동으로까지 이어지지 않는다는 점이다.

이러니 누가 시집을 사고 시를 읽겠는가? 독자들이 원하는 시는 우선은 내용이 진솔하고 표현이 아름다운 시이다. 감정이입이 가능하여 '내 맘이 저 맘이야'라고, 마음이 통하는 시이다. 나아가 위로가 있고 축복이 있고 마음의 치유가 있는 시이다. 이러한 차제에 오연희 시인의 시를 만나서 그의 시와 함께 하는 시간은 매우 기쁘고 의미있는 일이다.

무엇보다도 먼저 오연희 시인의 시에는 진지한 삶의 흔적이 있다. 누군들 사는 일이 힘들지 않고 고달프지 않겠는가. 하물며 그는 고국을 떠나 이국땅에서 사는 이민자이다. 상용하는 언어가 다르고 문화가 다르고 더구나 유색인의 소수민족으로서 사는 날들이다. 어쩔 수 없이 신산한 삶일 터. 그러면서도 삶은 언제나 누구에게나 진지하고 아름답기까지 하다. 그 삶의 실상들이 고스란히 시에 들어와 있음을 본다.

그 다음은 시의 표현이 건강하고 아름답다는 점이다. 시편마다 건강한 시정신이 돋보인다. 서정이라 해도 한숨 섞인 나약한 서정이 아니라 씩씩한 서정이다. 시의 표현 또한 오염되지 않은 표현이다. 이는 오히려 시인이 고국의 문단과 격리되어 살면서 터득한 고독의 소득이 아닌가 싶다. 오늘날 한국 땅에서 오염되지 않은 한 채의 우물물을 만나기가 쉽지 않은 것처럼 오염되지 않은 시와 시인을 만나기 또한 쉽지 않은 실정이니까 말이다.

핸들에 머리 박고 울다가
빵빵거리는 뒤 차 소리에
스스로를 달래가며
공원에 오던 그때는
눈물 마를 날
하마 올까 했다

거꾸로 박혀있는 화병 바로 세워

꽃 꽂아 놓고
회한에 젖는 순간은 잠시
옛 동산에라도 오른 듯
탁 트인 주위를 둘러본다

잘 다듬어진 초록 공원 여기저기
땅 아래로 방금 거처 옮긴 이
여럿 보인다

한 몸 뒤척일 수도 없는 낯선 집 지붕 위
생살 듬성듬성 보이는 잔디가 덮여있고
그 곁에
사람모양의 화환 몇 채
시체처럼 누워있다

땅 위의 인연 제집으로 다 가고
꽃, 뿐이네
―「꽃 2」 전문

'꽃'이 소재이기는 하지만 시 속에 등장하는 꽃은 결코 아름다운 꽃도 아니고 꽃 자체의 의미를 드러내고자 하는 꽃도 아니다. 어디까지나 그것은 인간의 삶의 질곡, 인간의 속내를 대신해서 표출해주는 꽃이다. 한마디로 말하면 공동묘지 앞의 꽃이다.

1연과 2연의 꽃은 시인 자신의 꽃이다. "눈물 마를 날/ 하마 올까" 의심하며 살았던 날인데 그런 삶에도 평화가 와서 비로

소 "거꾸로 박혀있는 화병 바로 세워/ 꽃 꽂아 놓고/ 회한에 젖는 순간"이 온 것이다. 어쩌면 이것은 세월이 주시는 은택이고 인생의 연륜이 가져다주는 고마움이다.

이제는 "옛 동산에라도 오른 듯" 편안한 마음으로 둘러보는 "탁 트인 주위"에 "잘 다듬어진 초록 공원"이 보이고 거기에 "여기저기/ 땅 아래로 방금 거쳐 옮긴 이"들의 무덤이 여럿 보인다. 마음의 여유를 찾은 시인은 거기서 꽃을 보게 된다. "사람 모양의 화환 몇 개"다. 그 꽃들은 마치 "시체처럼 누워있다".

장례가 끝난 뒤의 풍경이다. "땅 위의 인연 제집으로 다 가고" 사람을 대신하여 남아 있는 '꽃'. 이런 때의 꽃은 그냥 꽃이 아니라 인간을 속악성을 대신해서 표현해주는 대리인으로서의 꽃이다. 어찌 꽃만 그러겠는가. 인간의 삶에는 그렇게 허무한 면면 들이 많고 인간은 처음부터 선하지도 진실하지도 않은 존재들이었던 것이다.

어른들 세상은 어차피
상관없었다

죽은 자가 누군지 말해주는 이도 없었고
들었다 해도 내 세상 밖의 바람 소리였던
유년의 마당

휘청이는 허연 천막
눅눅한 그늘 속
국수 한 그릇 후루룩이는 어른들의

웅크린 등이 아슴하다
한 어른이 곡을 하고 나오면
다음 어른이 들어가서 곡을 이어가던
일정한 리듬의 곡성 그 뒤편은 그저
적막한 어둠뿐

숨죽이고 있던 숨
폭포수로 터지는 슬픔의 임계점

대책 없이 축축한 날은
잔치국수로 때우고 싶다
외로움이 안개처럼 몰려오다가도
굽은 등의 담담함이 고요히 찾아드는

삶과 죽음이 알맞게 양념 쳐진
그 시절의 잔치국수
한 그릇

—「잔치국수」 전문

굳이 이국생활의 슬픔이나 외로움이나 고달픔을 '잔치국수'란 상관물을 동원하여 강조한 작품이 아니다. 다만 생애의 유년으로부터 시작하여 오늘에 이르기까지의 추억과 소망을 담담하게 담으면서 잔치국수에 얽인 서정을 매우 아름답게 드러낸 작품이다.

무릇 서정시는 인간의 감정이나 정서를 담은 언어로부터 출발한다. 그러나 그 골격에는 서사성이 있을 수 있다. 이러한 서정시 속의 서사성을 모범적으로 보여준 작품이 또 이러한 작품이다. 이런 점에서 오연희 시인은 매우 독특한 시인이라 할 것이다.

이 시에도 두 개의 공간과 시간이 존재한다. 전반부의 것은 유년의 것이고 후반부의 것은 오늘의 것이다. 그렇지만 그 둘은 '잔치국수'라는 공통분모로 이어지고 시인의 생애를 통솔한다.

눈물 흩뿌려 주고 싶네

황량한 사막
휙휙
창 옆으로 날아가네

희뿌연 모래흙 망망하게 펼쳐진
사랑을 떠나보낸 자의 가슴인가
아득한 저 끝 까까머리 민둥산
오늘을 접으려는 듯
그늘진 얼굴 가슴에 묻으려 하네

아서라
어깨 위로 고즈넉한 황금빛 노을
스미듯 번지네
금빛 갈기 자분자분
물결쳐 오네

히브리 노예들의 합창 소리 들리네

—「황금빛 사막」 전문

몇 차례 나는 초청을 받아 미국 엘에이에 가본 일이 있다. 그러면서 그곳 문인들의 글을 여러 차례 읽어본 일이 있다. 그때마다 나는 몇 가지 의문이 있었다. 왜 이분들은 그렇게 떠나온 고국에 대한 향수만을 글의 소재로 삼을까. 이미 변해버린 과거에 집착하면서 이미 사라진 정서의 주변을 맴도는 것일까.

더불어 약간은 불만도 없지 않았다. 한글 문장의 운영이 서툴고 언어 표현이나 단어의 선택이 어색하며 옹색하다는 점이었다. 한글문화와 거리를 두고 살아가는 환경이니 어쩔 수 없겠다 싶기도 했지만 보다 더 욕심을 내주었으면 하는 요구가 있었다.

이러한 입장과 안목으로 볼 때, 위의 작품은 매우 만족스럽고 성공적인 작품이라 하겠다. 결코 과거지향도 아니고 향수도 아니다. 자기가 발을 딛고 사는 땅에서의 당당하게 일어서는 느낌을 담았으며 자연 그 정서가 활달하고 언어의 운용 또한 적절하며 부드럽고 활달하다.

이만한 시적인 성취와 아름다움이 쉽지 않다. 시의 스케일도 헌걸차다. 그러므로 이러한 시를 만나기는 쉬운 일이 아니다. 개인적인 평가를 허락한다면 나는 이 작품을 이 시집의 한 중심에 두고 싶다. 한 이민자 시인의 승리요, 한글시의 자랑이요, 압권이다. 이러한 시를 두고 어찌 분석적 평가를 할 것인가. 다만 시가 가져다주는 감동을 가슴에 안아 느낄 뿐이다.

한국서 온 친구와

바다 곁 노란 집에 갔다

토마토 수프 한 술 뜨다 말고
이국적이지? 노을.
뜬금없는 친구의 자문자답에 순간
둘 사이 전류가 다시 흐르고
각자 걸어 왔던 길로 여행을 떠난다

아픔과 기쁨이 뭉텅뭉텅 구분 지어져 한 줄에 꿰어지고

베어 먹을수록 더 늘어나고 더 사무치는 순간들
꿈에도 그립지만 돌아가고 싶지 않다는데
의견 일치

벌겋게 달아오른 노을 한 덩이 풍덩 녹여 만든
뜨끈한 토마토 수프 한 컵으로
지금이 좋다,에
정점을 찍다

—「토마토 수프」 전문

마음이 확 트여오는 작품이다. 서사와 서정이 잘 조화되어 있으며 인간의 마이너 감정을 다루고 있지만 결코 위축되어 있지 않은 인간의 마음을 잘 표현해내고 있다. 슬픔이되 밝은 슬픔이고 고달픔이되 발돋움하는 고달픔이다. 어찌 이런 작품이 가능했을 것인가! 어디까지나 시는 개인의 체험과 언어적 자산의 표현이다. 그만큼 시인의 내면적 성숙이 있었기에 그러했을 것이고 시 쓰기에 지속적인 수련이 있었기에 가능한 일일 것이다.

이상, 그야말로 서투른 감상자로서 오연희 시인의 시편을 일별하면서 문득 떠오르는 문장은 공자님의 한 말씀이다. '애이불상哀而不傷 낙이불음樂而不淫'. 슬퍼하되 몸이나 마음이 상할 정도로 슬퍼하지 않고 즐거워하되 어지럽거나 지나치게 즐거워 하지 않는다는 그 말씀 말이다.

오연희 시인의 시를 만난 것은 이 스산한 세상에서 매우 의미 있는 일이고 새로운 일이면서 고마운 일이다. 부디 앞으로도 더욱 좋은 시들을 써서 비틀거리는 한국시단에 건강한 숨결을 보태주기를 바란다. 오연희 시인의 시적인 성공과 승리는 개인의 성공과 승리를 넘어 한국어의 승리요, 한글의 쾌거이다.

오연희

오연희 시인은 2003년 미주《중앙일보》신인문학상(넌픽션 부문), 2003년『해외문학』(수필부문)에 이어서 2004년『심상』(시부문)으로 등단했다. 시집으로는『호흡하는 것들은 모두 빛이다』가 있고, 산문집으로는『시차 속으로』와『길치 인생을 위한 우회로』가 있다. 미주《중앙일보》통신원 및 교육칼럼('현장엿보기-학부모칼럼')을 2002년 8월부터 만 5년간 연재한 바가 있고,『시와사람들 동인』,『글마루동인』, 미주한국문인협회이사 & 웹 관리국장, 해외문학 문인협회 부회장으로 활동하고 있다. 제13회 에피포도예술상 시부문 본상을 수상 (2009)했고, 현재 미주《중앙일보》'이 아침에' 칼럼을 연재하고 있다.
오연희 시인의『꽃』은『호흡하는 것들은 모두 빛이다』에 이어, 10년 만에 출간하는 두 번째 시집이며, 오연희 시인은 '꽃의 시인'이라고 할 수가 있다. 이 세상은 거대한 꽃밭이고, 꽃의 축제이고, 너와 나는 모두가 다같이 아름답고 행복하게 살 권리가 있는 것이다. 오연희 시인의『꽃』은 시의 화원이고, 인간의 화원이며, 꽃의 화원이라고 할 수가 있다. 머나먼 이국땅에서 이처럼 아름답고 황홀한 시의 꽃밭을 가꾸었다니, 그것은 하늘의 기적이고 감동 그 자체이다.
시의 꽃다발이 쏟아지고, 기적의 꽃다발도 쏟아지고, 감동의 꽃다발도 쏟아진다.
오연희 시인은 머나먼 이국 땅 미국에서 모국어로 시를 쓰며, 모국어의 아름다움을 '꽃의 화원'으로 활짝 피워낸 것이다.

이메일 : ohyeonhee@hotmail.com

오연희 시집

꽃

발　행 2016년 11월 25일
지 은 이 오연희
펴 낸 이 반송림
편집디자인 김지호
펴 낸 곳 도서출판 지혜
계간시전문지 애지
기획위원 반경환 이형권 황정산
주　소 34624 대전광역시 동구 선화로 203-1 2층 도서출판 지혜 (삼성동)
전　화 042-625-1140
팩　스 042-627-1140
전자우편 ejisarang@hanmail.net
애지카페 cafe.daum.net/ejiliterature

ISBN : 979-11-5728-215-9 03810
값 9,000원